JN409191

오늘의문학시인선 355

볍씨를 뿌리며

정주일 시집

오늘의문학사

국립중앙도서관 출판시도서목록(CIP)

법씨를 뿌리며 : 정주일 시집 / 지은이: 정주일. -- 대전 : 오늘의문학사, 2015
p. ; cm. -- (오늘의문학시인선 ; 355)

2015년 충북문화재단기금을 지원받아 발간되었음
ISBN 978-89-5669-694-2 03810 : ₩8000

한국 현대시[韓國現代詩]

811.7-KDC6
895.715-DDC23 CIP2015018771

볍씨를 뿌리며

풀잎 서신

저번, 무서리가 눈썹 위로 허옇게 내리도록
눈치도 없이 추한 모습을 오래 보여주어
마음이 몹시도 무거웠습니다.

겨우내 서릿발을 기는 심정으로
칩거에 들어갔지만
경칩 절기도 지나 봄기운이
미적미적이는 엉덩이를 자꾸만 밀어내는군요.
하여, 낯가죽 두껍게 다시 인사를 드립니다.

냉이 얼레지 양지꽃 민들레 개나리 진달래
날좀보소 날좀보소 날좀보소
저마다 은근히 추파를 던지고 있군요.

초록이, 저렇게 지천으로 널려있는데
나 하나 더 얼굴을 내민들 어떠랴… 싶기도 하지만
어느틈에 나도 뻔뻔해졌나 봅니다.

새로운 모습을 보여드리지 못해 죄송합니다.
이쁘게 봐달란 말은 차마 못하겠네요.
한 시절 그냥저냥
흔들리다 꿈꾸다 가겠습니다.
귓구녕 콧구녕 막고 말이지요.

그러다 운 좋으면
지나가는 님 고운 입술을 빌려
한시름 달래기도 하겠지요.

차례

제2부 돈대리

제3부 뻐꾸기 울다

제4부 바람재

제5부 시계를 보며

제1부

들풀

들풀

꽃대 하나 밀어 올리는
간절한 소망으로

별빛
서늘한 검 치켜들고
변방을 지키는 초병

품속의 메추리알 다섯 개
바람에도 들키지 않게

몽고반점

우리는 모두 풀의 아들이러니
저 아스라이 먼 꿈길
드넓은 몽골 초원
누런 흙먼지 날리며 달리는
소나 말이나 양들의 은혜로운 들풀이러니
해 뜨는 곳을 찾아
天山을 넘어 天山을 넘어
바람처럼 달려온 떠꺼머리총각과
첫눈에 반한 고조선의 처녀가
다정히 밀어를 속삭이는 달빛 아래
푹신한 밑자리가 되어 그의 몸
가장 아름다운 곳
은밀하게 풀물로 스며들어
푸르디 푸른 울음으로 태어나려니
바람이 불 때나 비가 올 때나
서로의 등이 되고 가슴이 되는
목메이게 불러보는 초원
그 기억 화인으로 박혀있나니

사월

머리가 노랗거나 붉거나 하얀 아희

배꼽을 드러내고 다녀도
가슴선이 아슬아슬 보여도
귀도 코도 배꼽도 다 뚫었어도
마냥 이쁘기만 한 아희

뭘 입어도 어떤 짓을 해도 밉지 않은

귀가 멀었는지 눈이 찌그덩했는지
겨우내 보고 듣는 모든 게 맘에 들지 않아
쯧, 쯧 혀만 차던 입술이 벙긋
벙긋 열리는데

안녕하세요!
반갑습니다!

어떤 시러배 아들놈이 잡생각을 하겠어요
봄꽃이 벙긋벙긋 벙그는걸요

노근리에서

저기 저 낮은 자리
이름도 정다운 풀들
잎새마다 눈물의 별 하나씩 달고
보고픈 이름 부르고 있구나

영숙아!
개똥아!
읍내댁 아지매요!
자야 할배요!

우리가 가만히 풀이름으로 불러보면
선하게 떠오르는 그리운 얼굴

너무 오랫동안 잊고 있었네요
그 이름 부르는데 많은 세월이 흘렀네요

그러나 너는 아니라고
아니라고 고개를 젓네
우린 늘 함께 있었다고

지금도
그 때도
앞으로도
그 맘속에 늘 살고 있다고

강아지풀

하늘을 떠돌던 작은 홀씨 하나
봄비 맞은 뒤 좋은 날 꿈꾸듯 태어났다네
하지만 나는야 일상의 작은 흔들림에도
갈피를 못 잡는 한 포기 풀

근심은 바람인 양 날 흔들고
옆구리를 지르는 방탕한 마음도
연약한 삶 저 깊이 간직한
옹달샘처럼 맑은 뜻 꺾진 못하리

내 꿈은 너무 작아서 아름다워라
한 방울 이슬에도 고개 숙이며
뿌리 내린 자갈밭을 사랑하며 산다네

물방울

이슬비 그친 뒤
방울방울 잎새에 매달려있는 물방울
그 안에 한 세계가 있네
찔레나무 굴참나무 산뽕나무 살고
흰구름 한 점 떠가네 무당벌레 날아가네

물방울 속 무지갯빛 세상
그 속에 내가 있네
대롱대롱 매달려 있네

작은 흔들림에도 나는 쉽게 추락하네
내 작은 꿈들이 머무는
집 한 채 부서지네
바람 한 점 부니 모든 게 사라지네

나뭇잎들 유독 푸르네

삼월

좀 더 무겁게 입술을 닫고 있어야 하리
좀 더 무겁게 귀를 막고 있어야 하리
좀 더 무겁게 손발을 묶고 있어야 하리

어둠처럼
바위처럼

때아닌 폭설에 무너지고
바람에 찢어진 비닐마냥
덧없이 나부끼는 꿈이 되지 않으려면

들뜬 마음 꽉 잡고 기다리고 있어야 하리
서둘러 꽃몽우리를 내밀다
꽃샘추위에 모가지가 부러지지 않으려면

아직은 때가 아니니

이슬

시린 바람은 자꾸 벼랑 끝으로 분다

풀잎 마음 한 쪽에
모래 바람이 분다
그렇게 마음 한 쪽에 자꾸
모래언덕이 넓어지면
피리를 불어주던 그 사람
고비사막 모래먼지를 헤치며
길 없는 길을 찾아와야 하리

마음 속 한 줄기 길을 열기 위해
밤새 고열과 싸우며
댓잎 흔들리는 소리로 떨다
별들이 내려와
조금씩 물길을 틔워 주고 있다
몸 끝까지 투명하게

송 송 송
싱그러운 새벽
그 사람이 다녀갔는지
풀잎들이 피리 소리를 내고 있다

짝사랑

숲속의 작은 나무가 되어
저 많은 상수리나무 중 하나가 되어
드러날 것도 드러낼 것도 없는
키 작은 나무였던 시절이 있었습니다

먼 길을 가는 꾀꼬리 하나
내 어린 팔에 기대
지친 날개를 추스르며 부르던
슬픈 노래 한 소절
푸른 핏줄을 타고
마음 깊숙히 흔들어 놓았습니다

오래오래 손톱 밑에 박힌 가시로 남아
깊은 바닷속
맷돌을 돌리면 쏟아지는 소금 같은
하얀 그리움을 키우며 자랐습니다

옆으로 옆으로만 자라던
세월이 얼마나 흘러야
아름다운 비밀로 남을까
마음속 담담한 그늘로 자리하기까지
얼마나 많은 날들을 비를 맞고 있어야 할까요

그렇게 보낸 날들이 풍화되어
한 그루 큰 나무로 서기까지
또 얼마나 많은 잎들을
덧없이 날려보내야 할까요

봄비 속의 가벼운 생각

봄비 오는 둑을 걷는데
종일 방에서 뒹굴뒹굴 궁상을 떠는
내 마른 가슴 위로 내리는
봄비가 묻는다
살아가는 의미가 뭐냐고

밤새 냇물은 저렇게 불어
소풍가는 아이들 마냥 신이나
와글와글 소리치며 흐르고

봄비 오는 둑을 걷는데
이런저런 쓸데없는 생각으로 하루를 보내는데
바람이 스치며 묻는다
살아가는 목표가 뭐냐고

몇 해 전 태풍에 다 쓸려 나간 자리
아카시 하나 둘 돋아나더니
둑 한 쪽을 다 점령해 버린 나무

때때로, 이렇게 살 바에야 죽는 게 낫지
살갗을 스쳐가는 바람
가볍게 죽음을 생각해보기도 하지만
꿈틀거리는 연둣빛 생각 하나
누추하게 묻히며 걷는다

살면서, 너의 전성시대는 언제였더냐

그래도 미련이 남아 봄이면
다시 올라오는 목숨아
밟고 또 밟히는 목숨아

봄꽃

봄가뭄이 초여름까지 계속됐어요
실개울로 흐르던 큰 냇가도 마르고
군데군데 파놓은 웅덩이에 고인
눈물과 한숨을 퍼올려 모를 심는
농부들의 타는 얼굴이 꿈속까지 이어집니다
그러다 큰물이 진 며칠 뒤 햇살이 뜨거워
동무들과 큰 냇가로 갔지요
물장난을 하고 놀다 그만 빠져버렸어요

제비들이 낮게 제! 제! 거리며 따라오고
구름배가 어서 타라고 옆구리를 들이밀고
둑가의 버드나무가 손을 길게 뻗쳐 주었지만
물결은 작은 손을 자꾸 밀어 내기만 했어요

동무들이랑 놀다 서둘러 갈비를 긁던 뒷등가의
늙은 소나무들이 참나무 느릅나무 어린 개옻나무
이파리들이 파랗게 떨고 있었어요
저쪽 언덕 위에서 늦모를 내던 낯익은 아주머니들이
마구 손사래를 치고 발을 동동 구르고 엎어지고
언덕을 뛰어 내려오는 아저씨가 잠깐 보였지만
이내 갈대들의 울음소리에 묻혀 버렸어요

산수유 개나리 진달래 목련꽃이랑
산동백 살구꽃 복숭아 산벚꽃이랑
봄꽃은 왜 그리 빨리 피었다 지는지요
잎도 피우기 전 서둘러
꽃잎을 날려 버리는지요

거친 물살에 떨구어진 꽃잎 하나
속절없이 떠내려가는 꽃잎 하나
꿈속인양 눈부신 파란 하늘 아래
애절하게 부서지는 뻐꾸기 소리

볍씨를 뿌리며

우주의 크기가 볍씨만 하다*니
볍씨 하나가 우주라니
난 그런 거창한 얘긴 모른다네
코웃음만 나고 주눅드는 그런 것 말고
볍씨를 싹을 틔워 모를 심고
어떻게 하면 벼가 잘 자라는지는 알고 있지, 겨우
벼의 마음 볍씨의 마음이 무엇을 바라는지

살 섞고 살아도 알 수 없는
여자의 마음도 있지만
얼른얼른 나이를 먹고 늙고 싶다는
그런 여자도 있지만, 아마
그 여자의 핏속엔 뭉게구름이 흐르고 있을 거야

꽃봉오리가 한 잎씩 열릴 때마다
복사꽃 물든 열다섯 가슴 위로
뭉게구름처럼 피어나던 첫사랑을
천 년 후, 볍씨가 기억하고 있듯이

나 역시 천년 꿈을 꾸었지
소녀를 그리며 잎을 틔우던
작은 느티의 꿈을, 먼 훗날
볍씨를 뿌리면서
아직 시려운 논물 속으로 너의
하얀 맨살이 살풋살풋 잠길 때마다
마음 잎새로 소소리 바람이 불었네

*이 우주는 손끝으로 집어보면 볍씨 하나 크기밖에 되지 않는다
— 설봉의존

쌀에 대한 비망록

(할아버지의 피로 지킨 쌀에선
서늘한 정신이 배어있다
겨울 논을 바라보시던 깡마른
광대뼈 사이로 얼비치던 얼음무지개
아버지의 땀으로 자란 쌀에선 향기가 난다
어린 나를 무등 태우고 농무를 추던
건장했던 날들의 소박한 꿈
어머니의 손길로 거둔 쌀에선 미소가 있다
함박꽃보다 환한
어린 시절, 솔찍 소—솔쩍
밤새 내 머리 속에서 울던
바람소리 새소리 물소리가 있다)

검이 보인다
한 톨 쌀 속에
댓잎 같은
서늘한 검이 보인다

어느 개울가이거나 볕 잘 드는 동산이거나
맑은 눈과 순한 귀를 열어놓고
하늘과 바람 별 빗방울과
고추잠자리 호랑나비 풀여치와 함께
이름조차 모르고 살던 한낱 풀이었을 때
호기심 많고 눈 밝은 인간에게 띄었을 거야
하늘님의 아들이 이 땅을 연 후부터 아님
돌로 도끼를 만들고 칼을 만들던
그 무렵이었는지도 모르지

검을 잡듯
쌀을 쥔 손바닥에
땀방울이 맺힌다
가슴이 먹먹해져 온다

벼풀의 소중함을 알아버린 사람이
같이 뛰놀던 구름양떼를 가두고
별맞이꽃과 방아깨비가 살던 동산을 짓밟고
유목의 설렁설렁한 바람마저 끊어버렸지
그 때부터 구름도 달님도 바람도
그의 것이 될 수 없었어
벼는 이제 풀이 아니라

가진 자의 힘을 더욱 강하게 해주는
검 같은 금 같은 거야

검은 왜 우는가
알 껍질을 깨고 나오려 하는가
할아버지의 피로 잠재워 놓은
검이여
어찌하여 침묵을 깨려는가

어미는 새끼들의 고픈 배를 위해
족장은 부족의 결속을 위해
임금은 백성을 천심이라 여기며
쌀을 귀히 여겨 그것을 얻으려고
담을 넘고 경계를 허물고
어느 순간 한 나라가 사라지고
한 나라를 열기도 하였지

우리는 쌀을 뺏겨버린 날들이 있다
힘이 없었으므로
쌀 한 톨 지킬 수 없었다
칼자루가 남의 손에 넘어갔으므로

이 땅의 할아버지는 검을 다루듯
금을 만지듯 볍씨를 간직했다
천하에 근본이라 여기며
알곡은 힘 있는 자에게 모두 뺏겨
식구들 입에 풀칠도 못 해 주고
얼어버린 강을 건너 떠돌지라도
쑥국쑥국 한스런 세월을 못물에 심었지
팔십여덟번 보듬어주고
팔십여덟번 땀 흘려가며
팔십여덟번 피 흘리더라도

우리는 우리의 목숨줄을 지키지 못할 때
어떤 일이 일어날지 무수히 겪었다
우리는 우리의 생명검을
남의 손에 맡겨서도 안 되고
뺏겨서도 안 되지
먹는 걱정 안 하고 산 지 얼마나 됐다고
애물단지 취급이나 하며
남의 손에 넘겨주려고 하는가
두 눈 부릅뜨고 지켜야 하지

논물에 자라는 벼여 그 잎이
맑고 푸르고 맵고 차기가
취모검에 비하랴
날마다 바람을 가르고 달을 베어도
핏빛 하나 없구나
풀로서 만인을 살렸으니
본디 선하고 아름다운 덕이 있음이라
만인의 머리 위를 비추는
달이 그러하니
단군 할아버지가
나라를 연 이념이 그러하니
장하고나, 활인活人의 바다여!

내 집은

들 가운데 집을 지으리
사방으로 창을 내고
풀의 노래 들으리
들 가의 명아주처럼
온몸으로 하얗게 받아들이리니

오리나무 십리나무 백리나무로
울을 두르고
날마다 큰소리로 지은
마음 속 내 집은 너무나 약해
곧잘 쓰러져 힘들어 하노니

바람아
너는 내 입술에 둥지를 틀고
침묵의 알을 낳으라

* * *

진정으로 사랑한다 말한 적 없느니
저 하늘 노을
풀꽃 한 송이
여태 사랑한 적 없느니

무거운 날들이여

***

저렇게 단순하게
풀빛 하나로도
세상을 가볍게 할 수 있다니
여리디 여린 꿈 하나로
당당하게 황무지와 맞설 수 있다니

오 내 사랑

나는 삶을 사랑한 적도 없느니

***

발걸음 걸음마다 날아오르는 나래여

하얀 목을 살랑이며 허리를 감아오는
풋보리 내음처럼
설산을 녹이며 설산을 허물며
천수관음의 손길로 내 이마를 만져주나니
말없이 나를 이끄나니

첫사랑 두근대는 바람아
손가락 마디마디 흐르는 풀잎아
뭉게구름 피는 저물녘
고단한 내 잠은
먼 친구처럼 찾아오리라

* * *

억새와 개망초와 풀여치가 사는 곳
나 그들과 한 통속으로
깊어가는 가을을 노래하리

그렇게 가을은 가고
바람속— 나의 집으로
하얀 눈은 쌓이리

제2부

돈대리

돈대리

그 곳에 마을이 있었네
어머니의 젖무덤 같은
할머니의 엉덩짝 같은 동산 아래

사람이 살고 있었네
양은 그릇에 도토리처럼
땡글땡글, 뒹굴뒹굴, 달그락달그락

그 만큼만의 기쁨과
그 만큼만의 슬픔으로
그 만큼만의 질투와
그 만큼만의 행복으로
일평생 돌탑을 쌓아가는

서리 하얗게 내린 언덕에
하늘거리는 쑥부쟁이, 돌아보면
서로의 붉은 어깨가 가냘퍼
발둑을 밟은 두 발에 불끈 힘을 주는 사람들

기적 소리

등 뒤에 어머니는 서 계셨다
어머니는 늘 마음이 앞서
뒤뚱거리는 발걸음에 밟히기도 하던
들길이나 밭둑의 민들레꽃으로 웃고 계셨다

낯선 거리에서 종종 가슴에 주먹질을 하며
취한 얼굴이 조금씩 일그러질 때면
어머니는 고향 초가지붕 박꽃으로 미소 짓고 계셨다

조롱조롱 매달린 것들
젖배 곯은 막내까지 실하게 익후어 보내려고
끝까지 붙들고 있던 것들, 서리 허연
허공인 줄 알면서도 허공으로 걸어간 메마른 길들
뒤좇아 가듯 손 덩굴을 뻗어 쥐려다 눈앞이 캄캄해진다

휘청거리는 몸으로 어무이—
간절히 부르며 돌아보았을 때
어머니는 먼 먼 등꽃으로 피어있었다

구불구불 먼 길 오는 동안
등 한번 따뜻하게 대주지 못한 설움이 북받치는 날엔
어머니 걸어가신 들 찔레 숲을 밤새 헤매기도 했다

새벽녘, 서늘하게 귀밝아오는 날이면
산 너머 기적소리가
아련히 은빛 물 흐르는 소리로 들려오고
어느 때부터 그 하얀 기적 소리가
두 줄기 허허로운 길을 내 몸에 내고부터
어머니는 가끔 찾아가는 산길 들국화로 피어있었다.

벙어리장갑

두 살 위 누나가 떠 준 벙어리장갑

엄마가 떠 준 낡은 조끼도 풀고
실공장서 주워온 빨갛고 파란 자투리 실로
비닐우산 대나무 살을 구해
부엌칼로 다듬어 초칠을 한 대바늘로 떠 준

초등학교도 다니지 못하고
돌가루 포대를 뜯어 종이봉투를 만드는
코밑이 새까만 어린 누나가
짧은 털실을 잇고 또 이어 떠 준
찬바람이 숭숭 들어오기도 하던 벙어리장갑

알록달록 저마다 예쁜 장갑을 낀
동무들 뒤를 따라
동생 손을 잡고 학교 가는 길

한 이불 속 서로 싸우다 웃다
옹기종기 껴안고 잠드는
오누이들 같은
벙어리장갑 속 다섯 손가락

사과 한 상자

사과 한 상자를 샀다네 장터 골목
늦은 점심인가 쪼그려 국밥을 먹는 할머니
웃음 가득 주름진 얼굴이 낯설지 않아
만원 한 장을 선뜻 건넸네
사료 포대에 담긴 푸르딩딩 설익은 사과
두었다 먹으면 숙성이 되어 맛있지
겨울밤엔 과일이 귀해
고구마나 무도 깎아 먹지만
아이와 아내는 과일을 좋아해
상자에서 사과를 한 알씩 꺼낼 때마다
푸른 지폐를 한 뭉치씩 꺼내는 듯
마음이 뿌듯해
사과 접시를 놓고 둘러앉으면
잘 여문 햇살을 한 접시 마주한 듯
봉창문 밖 바람소리도 따스해
아이 손을 마주잡고 사박사박
사과꽃 핀 마을로 마실 다녀오는 밤이면
아이는 꽃누리 훨훨 나비가 되나보다
잠든 뺨 위로 노랗고 하얀
나비가 날아오르는 것 좀 봐

산통

칡덩굴마냥 뻗어나가 배배 꼬인
인생길에 바른길을 알려주마

八자 콧수염을 쓰다듬으며
싸리나무 가지런히 다듬은 산통을 흔들어 뽑으면
산가지 하나하나마다
일건천이태택삼리화사진뢰오손풍육감수칠간산팔곤지
육육이 삼십륙이요 팔팔이 육십사가 되는 요지경속
음양이 어떻고 태극이니 황극이니 하는 가운데
이사 진학 결혼 건강 재물운이 술술 나온다

늪 가운데 핀 연꽃처럼 화사한 괘가 나오면
천 원짜리 지폐가 서너 장
아버지의 개다리 밥상 속으로 들어가고
물 건너 산 넘고 돌고 돌아가니 낭떠러지라
흉한 괘가 나오면 암담한 얼굴의 아주머니
어떻게 피할 방도가 없습니까 손 모아 애원하면
두 눈을 지그시 감고 콧수염을 한참 매만지고 나서
비방이 있지—, 이리저리 하라며 구세주처럼
빨간 부적 하나 써 주면
퍼런 지폐가 한 장 아버지 조끼 안으로 쏙 들어간다

해마다 정초가 되면, 6 · 25 때
포탄이 비 오듯 쏟아지는 산등성이에서 포탄 불빛에
자신의 손을 비춰 생명선을 확인해 보았다는
총상으로 굽어 제대로 쓸 수 없게 된 아버지의
왼손가락 안에서 자축인묘 진사오미 신유술해
사주팔자가 육갑에 둔갑을 하고
진흙탕에서 두루미가 미꾸리를 쏙 쏙 뽑아내듯
점괘를 뽑아주던 아버진 쪽집게도사였다
직지사서 오년 공부하고 지리산서 십년 도 닦았다는
—황극도인 인생운명 상담소—

한 치 앞도 모르는 앞날
굽이굽이 인생길 가다 답답한 날이면 문득
문 두드려 보고 싶은, 그러면
수리수리 마수리 얍!— 하고
눈앞이 확 밝아지는 그런 곳이 어디 없을까?

까치집

사르락 사르락
서럽게 서럽게 세월을 지우는
베틀 소리 위로
밤새 눈이 내리면
동구 밖 감나무 꼭대기
햇살 잘 드는 우듬지 빈 까치집 하나
까치 새끼마냥 동그마니 앉아 재재거리고 싶었지

달그락 달그락
어머니 짜시는 베 속으로
찬바람 부는 긴긴 밤
나는 또 사다리를 놓고 감나무에 올라
가지마다 반딧등을 달아 놓고
빗방울이 뚝뚝 새는
흥부의 초가집 같은
까치집 속으로 들어가곤 하였지

어머니 눈가에 뜬
개밥바라기가 그 가는 촛불을 들고
바람에 흔들리며 동녘으로 걸어갈 때
나는 초록물빛이 도는
하늘을 향해 가만히 날개를 저어보았지

불어라 바람아
바람은 두렵지 않아
날아라 날아라
까치야 훨훨 날아라
저 파란 하늘로 힘차게 날아라

가뭄

더운 바람이 물을 앗아가자
내 몸은 마른 흙만 남았다
푸른 솔잎이 발갛게 타고
굴참나무 큰 나무가 말라버렸다
숨구멍이란 숨구멍은 다 막혀버린
벼포기 위로 콸콸 솟아오를 목마름으로
하루하루 붉은 노을만 바라보았다

하얗게 웃던
청상 누이의 이빨 같은 달이 지고
밤새 빈 소주병을 울리던
소텅소텅 소쩍새 아린 눈물로
메밀 씨를 뿌리는 비알밭의 늙은 어메여

바다가 그리워 바다가 그리워
바다가 보고 싶었다
다 쓰러져가는 뗏집일망정
바닷가에 집 하나 가지고 싶었다
갯고둥과 함께 뻘 속에 몸을 묻고
저만큼 다가오는 파도
소리를 들으며 잠들고 싶었다

금희

자전거를 타고 콧노래를 부르며
따르릉 따르릉 풋풋한
들길을 가는데
흰 감자를 한 소쿠리 캐어 나오다
좁다란 길 서로 마주치면
수줍은 망초꽃 미소로 비켜설 듯한

어느 해 여름
읍내 서점에 들렀다 오는데
마을 어귀 방천길에서 우연히 만나
둑길을 말없이 걷노라면
푸른 물이 마구 스며드는
쑥향이 물씬 풍겨올 듯한

대처에서 몇 해만에 들른 고향마을
집집마다 피어오르는 굴뚝연기가
그리움으로 감싸는 저녁 답
토담집 문간에서 가만가만 이름을 부르면
행주치마를 툭툭 털며
함박웃음으로 정짓간에서 나올 듯한

화해

— 빅뱅 이후

대폭발이 있었다

미움과 분노만이 떠다니는
암흑기의 우주는 가스덩어리만 끓고 있었다
질식해 버릴 공간에서 등 돌린 채
서로 멀어져가고 있었다

우주는 점점 식어가고 곳곳에서 별이 태어나고 있었다

창 틈 사이로 부연 빛이 새어 들어오고
초라한 그녀의 어깨 위로 비가 내리고
어느 구석에선가 아기의 울음소리가 들렸다
쭈그려 젖을 물리는 그녀의 눈망울에

푸른 지구가 보였다

꼼지락꼼지락 아기의 조막손에서
양치식물이 무성하게 자라
몸속의 얼음덩어리를 녹이고 있었다
더운 피가 졸졸 흐르기 시작했다

먼지

— 빅뱅 이후

사람의 몸이 먼지로 만들어졌단다
가스와 먼지덩어리인 우주에서
원자들이 생겨 세포를 만들고
골지체 리보솜 미토콘드리아여
마침내 태어난 생물

저 우주의 먼지가
뼈를 만들고 단백질을 만들고
피를 만들었단다

방을 쓸면 밤새
내 몸에서 떨어져 나간
살피듬과 먼지들이여, 그렇게
나는 먼지로 돌아가고 있었다

세상의 모든 책들이
옷들이 바퀴벌레들이 소리 없이
우주 속으로 사라지고 있었다

생일 또는 태어남

— 빅뱅 이후

불기둥이 하늘로 치솟고
별똥별이 무수히 떨어져
바다를 이룬다

열기가 머리 위로 뻗쳐 터럭이 곧추선다
붉은 땀이 갈라진 살을 타고 흐른다

뜨거움으로 가득한 지구
강 저편으로
봉분 마냥 솟아오른 태고의 달

검은 재가 빠르게 덮어온다

붉은 강물위로
하늘을 가린 검은 장막 위로
비 가 내 리 고

어디선가 들려오는 노 젓는 소리
장대 빗속을 뚫고 들려오는
노 젓는 소리

한 줄기 푸른 빛을 끌고
쪽배 하나 모습을 드러낸다
고고의 울음소리 위로
신생의 별 하나 떠오른다

子야를 찬양함

지금 젊은 사람들은 子자를 넣어 이름을 짓지는 않겠지 그런 촌스런 이름을 누가 쓰겠어? 하지만 어느 집이건 그런 이름을 가진 딸들이 있었지

1.
연아 세리 같이 세계적이거나
소연 서희처럼 예스럽지도 않은
지윤 슬기 같이 지적이거나
가은 아름처럼 예쁘지도 않은
혜빈 수경 같이 귀족적이거나
정임 영이처럼 수수하지도 않은

순자 미자 옥자 성자 혜자 방자 청자 영자……
그런 이름의 여자 여자 여자들

2.
가난하고 어려울 때 한 집안에서
여자의 힘이 크다 하겠으니
일제강점기를 거쳐 육이오사변 이후로
하루하루 살아가는 게 힘든 시절에
배우지 못한 어린 子야들

애보기로 식당으로 장터로 방직공장으로 간호원으로
두 팔 걷어붙이고 뛰어들었으니
한 가정의 의식주를 떠안고
나라의 경제를 짊어지고 청춘을 바쳐
그녀들의 전성시대를 열어갔지

시대를 한탄하며
술과 노름과 계집질과 주먹질로 세월을 보내던
이 땅의 호동왕자와 온달들을 다독여
가정을 지켜 아들딸 낳고
꿋꿋하게 살아오지 않았던가
우리의 어머니들이 그러했고
그녀 子야 또한 그리 살아왔으니

3.
공자 맹자 노자 장자 손자 주자 말고
그런 사람이 실제 있었는지도 모르는 윤자
아버지가 떡하니 子자를 붙여주었는데
세상을 살아오면서 나름대로
한 생각이 일가를 이루어
子자 이름에 값하는지라
때론 당혹스럽게도 하지만

어설픈 내 논리를 일거에 깨트리더라

4.
시를 쓴답시고
역사에 남을 시 한 편을 쓰겠다고
허명을 쫓는 내게
쓸데없는 짓을 한다고 일갈하는가 하면

아등바등 사느라 젊은 시절 다 보내고
이젠 여유를 갖고 사는 것 같이 살고 싶어
집도 좀 가꾸고 꽃나무도 심자 하니
꽃이 돈이 되냐며 그런 땅에
감나무나 심자고
콧방귀 한 방으로 날려버리지

부처님의 말씀이 이러하고
예수님의 말씀이 어떠하고
절에 가자 교회에 가자하면
예수고 부처고 어디 있냐며
믿을 건 나 자신밖에 없다고
두 눈을 부릅뜨는 여자

아이야

아이야
조물주가 세상을 만들었는데

하나님이
공부를 많이 해서
조물주를 이겨 세상을 차지했단다

그러니 너희들도
공부를 열심히 해서
(하나님을 이겨)
세상을 차지해야 한다

이세암

어느날 그가 말했어
하늘의 비밀을 알려주겠다고

문명이 극에 달한 세기말의 세상
지구는 대기오염으로, 사막화로 신음하고
기온이 상승하고 곤충들이 멸종하고
괴질이 쓰나미로 창궐하고
무질서한 사람들의 아귀다툼 속
뜻있는 이들이 의지할 곳은 한 군데뿐이라고

오랜 세월 풍문으로 전해져 오던
풀숲에 묻혀 이제는 인적마저 끊어진, 늘
보랏빛 안개에 싸여있다는
아무에게도 알려져 있지 않은
구름보다 깊고
번개보다 높은 산 중에 있는

이 세 암

많은 사람들이 길을 찾아 나섰으나
갖은 고생 끝에 되돌아 오거나 끝내
돌아오지 못한 사람들은 알 수 없는
문자들로 가득한 성에서
그 곳으로 가는 문을 찾지 못하고
나락으로 떨어져 헤매고 있다고도 하고
초롱별 밝힌 창으론 노래 소리가 들려
그 노래에 영혼을 뺏긴 젊은이들이
여우나 승냥이 늑대로 변해
성 주위를 맴돌고 있다고도 하지

몸과 마음이 맑고
깨끗한 사람들만 찾을 수 있다는
아내와 같이 그 곳에 가기로 했네
더 늦기 전에
우리의 희망을 찾기로 했어

물푸레나무 푸른 물기 오른 계곡을 오르노라니
산 정상에서 은은하게 북소리가 울려오고 있었어
누군가 튼튼한 박달나무채로 황금북을
봉우리 위로 둥실둥실 밀어 올리는 게 아닌가
덤불에 긁히고 물푸레 가지가 등줄기를 후려칠수록
뜨거운 바람이 후끈 몸을 고 지나갔어
마침내 풀 속에 묻혀있는 옛길이 열리고
아! 거기, 신이 숨겨놓은 마지막 비밀인 듯
누구의 접근도 허용하지 않는다는 듯
깎아지른 벼랑이 솟아있고 그 위
휘영청 달빛아래
산다화 꽃잎 져 내리는 가운데
암노루 수노루 퐁퐁 뛰놀고 있었네

가파른 절벽 숨을 몰아 쉬며 올랐어
힘들고 지쳐 포기하고 싶었지만
그 곳이 멀지 않다는 믿음으로
서로 밀고 끌어주며
잡은 손을 놓지 않았지

마침내 그곳에 닿았네
저 아래를 보니 많은 사람들
먼저 절벽을 오르려고 서로 끌어 내리고 있었어

큰 바위산으로 둘러싸인 곳에
맑은 샘물이 솟고
마당 한 쪽에 초가집 한 채
할머니 한 분이 웃고 계셨어
영원히 살고 싶은 곳이었지
어린 아이 하나 샘물에 몸을 씻고 다가왔어
아주 환하게
아내와 난 아이를 안고 한없이 기뻐했네
오래오래 아이와 더불어 시간 가는 줄 몰랐네

제3부

빼꾸기 울다

이 사람아 그러면 쓰나

나무를 심자
여기에 도로가 뚫린다 하니
밭마다 허리 뭉텅뭉텅 잘린
배나무 자두나무가 심겨지네

집을 짓자
여기에 댐이 들어선다 하니
논마다 축사 창고 시설 하우스
조립식 건축물이 마구 들어서네

땅을 사자
이 지역이 개발된다 하니
복덕방 사장님 관광버스 대절하여
사모님들 뻰질나게 들락거리네

눈 그치면

늘 그렇듯 연말은 시끄러웠다
모든 것이 넘쳐나도 한 겹 더 여미어야 하는
마음은 새날이 밝았지만 그대로 얼어붙는
눈발이다 폭설이다
서울 경기도를 시작으로 강원 충청 경북으로
경보를 넓혀가며 공영방송에선 대설만 퍼붓고 있다
차들이 엉키고 출근길이 막히고 도로가 통제되어도
하늘길은 막힘이 없는지 눈만 내려 쌓인다
대설이 아니라도 여의도 길은 막히고
청와대 길은 통제되어 짜증이 나고
답답했던 적이 한두 번인가
대설을 헤치고 대통령이 희망에 찬 신년연설을 한다

석잠자고 넉잠자고 다섯잠잔 누에처럼
비단실을 풀어 햇솜같은
눈을 넣어 폭신폭신한 이불 한 채 둘둘 말아
꼬물꼬물 눈길을 가는데
눈은 폭폭허니 쌓이고……
빈대빈대 일없이 뒹구는 가슴가슴에
대설경보가 내리고……

“대중교통을 이용하 …… 비닐하우스나 축사가
무너지지 않 …… 공영방송을 청취하 ……”
목구멍까지 눈이 차올라 머릿속이 하! ─
대 … 설이 … 난 … 분 … 분 ……
엉킨 주파수를 조심스레 맞추다 보니
어라?
소녀시대가 미끈한 다리로 노래를 하고
옆집에선 이병헌이 연예 대상을 받고
다른 집에선 대박 재테크 특강을 하네
눈 그치면 한파가 온댔는데 세상에 ─, 여기는 봄이네
대설이가 경보가 어디로 갔디야?

빼꾸기 울다

"잘 부탁하네"
"나는 동생만 믿네"
지방의원 후보로 나선 두 사람이
사람 좋은 얼굴로 악수하고 돌아간 뒤
누렇게 익어가는 보리밭에서 빼꾹씨
속타는 깜부기 울음만 뽑았네
한 사람은 땅을 빌려 밥술이나 먹게 해 준
행세깨나 하는 동네 부자요 또 한 사람은
건너마을의 명망있는 집안 형님이라

면소재지 한 길을 두고 서로 마주 선거사무실을 열고
현수막이 걸리고 본격적으로 선거전에 들어갔네
마을마다 책임자를 정하고 밤마다
참모회의가 열렸네 인명부 꺼내놓고
— 이 사람은 내가 애기할 테니 저 사람은 자네가 맡아
그 사람은 저쪽 편이니 조심하고
장날이면 마을 사람과 지지자들 수십명씩
떼를 지어 세를 과시하고 논으로 밭으로
찾아다니며 박카스 한 병씩 나눠주고

누구 찍어라 대놓고 말은 안 해도
면면이 그 사람에 그 사람이라
막걸리 한잔씩 마시며 모두 즐거워했네

“자네 어째 코빼기도 안 비치는가! 동네사람 한두 번씩
다 인사하고 갔는데 그래갖고 한 동네서 편안하게 살겠나!”
“동생이라는 사람이 뒷짐지고 있는데 누가 찍어주겠나!
식구대로 나서서 뛰어줘도 될까 말까인데 —”
선거일이 다가오자 다급해진 양쪽 책임자들이
노골적으로 서운함을 드러내고
유세판엔 발걸음도 않던 빼꾹씨
빼꾹빼꾹 깜부기 보리피리만 불었네

이럴 수가

난쟁이 가족이 있었네
부모는 이대론 안된다고, 더 이상
키가 작아 자식들이 없수임 당하고
사람 취급도 못 받고 살게 할 순 없다고
돼지나 소도 속칭 개비를 하는데
우리 후손도 개비를 해야겠다고
고민에 고민을 거듭하다 두 딸을 불렀네
우리도 옛날엔 키 큰 집안이었다며
임란때 왜병을 벌벌 떨게 한 의병장 누구는
키가 구척이었다며 너희는
무조건 키 큰 남자와 혼인을 해서 오라고
집을 내보냈네 얼마후
두 딸이 짝을 찾아온다기에 크게 기뻐하며
마중을 나갔네, 이럴 수가—
사위는 딸들보다 더 작았네

난쟁이 부족이 있었네
이웃의 크고 힘센 부족이 걸핏하면
트집을 잡아 가축을 빼어가고
너희 땅은 우리 땅이라고 억지를 부려도
제대로 말 한마디 못했네
족장은 이래선 안 되겠다며 청년들을 불렀네
우리 조상도 예전에는
북방의 넓은 땅을 호령하던 때가 있었다며
이제는 우리와 혼인하려는 부족이 없으니
바다 건너 먼 곳에 눈알이 퍼렇고
머리에 뿔달린 크고 힘센 부족이 있다 하니
그들과 혼인을 해서 오라고 내보냈네 얼마 후
청년들이 짝을 찾아 온다기에
부족민과 마을 밖까지 나갔네, 이럴 수가 —
색시는 청년들보다 더 작았네

토리土利야

몽골에서 시집 온 여자

먼 먼 어머니가 나라를 잃고
공녀로 끌려가서
꿈에도 못 잊을 땅
가슴 속 붉은 흙 한 줌으로 만들었을
토우 같은 여자

토리야 —
가만히 부르면
독수리와 함께 평원을 달려오는 누이여
전설 속 옛 황제의 무덤 같은
붉은 흙먼지가 이는 봉우리들 위로
햇살이 부서져 내리는데

산 設고 낮 設고 말 設은 구름 몇 만리
비가 울컥, 울컥 몸살을 앓듯 내리면
대책 없이 그야말로 대책 없이
보따리도 싼단다

말젖내 나는 방천길을
자전거로 달려오는 누이야
앞산 절벽에서 매가 난다
날개 가득 바람을 안고

황사 바람

아따, 영식이네 배꽃이 흐드러지게도 피었네
올핸 풍년들겄구먼
아, 뭔소리여 영식인 지금 앓아 누웠는데

사월 들어 날씨가 화창하니 배꽃이 피는데
그만 기온이 뚝 떨어지고 배꽃이 얼어버렸네
좋던 날씨가 심술을 부릴 줄이야
벌나비는 날아와 헛물만 빨다 가고
향기 없는 배꽃만 징허게 허옇네
이십 년간 농사지으며 쓴 일 단 일 다 겪어
웬만한 일엔 그러려니 하며 살아온 영식이건만
이천 평 배밭을 망쳤으니 누웠어도 눈 앞엔
배꽃만 허옇게 오락가락할테니 이를 어쩐디야
돈 들어갈데는 좀 많나
애들은 읍네 고등학생부터 초등학생까지
줄줄이 손 벌리고 있는데
마음 추스려 일어날려면
배꽃이 질 동안 호되게 몸살을 앓겠구먼

황사를 몰고 온 매서운 바람에
하얀 배꽃잎이 어지러이 날리니
한순간 꿈인가
봄빛이 서러워라

여인천하

지구는 둥글고 역사는 되풀이되고 인간사 돌고 도는 거니까 작금의 현실을 돌아볼 때 예전에 널리 유행했던 이 말 외엔 달리 쓰일 말이 없을 듯 하군요
섬세한 일처리와 강한 생활력, 특유의 친화력으로 교육 사무 생산직은 물론 상업 서비스 등 모든 분야에서 여성들의 힘이 강해지고 수천 년 예술혼으로 갈고 닦은 걸그룹들의 춤과 노래가 세계 젊은이들의 문화를 선도하고 있고 올림픽 무대에선 우리의 딸들이 나라의 위상을 드높이고 있지요 여성 총리에 이어 여성 대통령도 만들어주는 나라가 되었으니 정말로 대한민국 만세입니다

학자들은 지금 우리나라가 신 모계 사회로 가고 있다는군요 유교 사상으로 여자들을 꽁꽁 묶어놓은 조선시대에도 능력 없는 남자는 아내한테 꼼짝 못하고 살았고, 지금도 능력 있는 남자는 마누라를 꽉 쥐고 살지만 요지경 같은 세상, 심각하게 받아들이지 말고 그저 웃고 살자구요

학교마다 마을마다
자모회요 부녀회요 이런저런 봉사단체
노래방에 가도 문화 수강센터에 가도
여자들 세상
산에 가도 바다에 가도
절에 가도 교회에 가도
여자들 천지

비스듬히 누워 스포츠 중계를 보다
물— 하면 물을 떠다주고 재떨이— 하면
설거지 하다가도 재떨이를 갖다주던 여자가
이제는 곰국 한 솥 끓여놓고 그 자리
늙은 남편에게 물려주고 나돌아다닌다
오! 할렐루야
단군 이래 이런 태평성대가 있었더냐

남자는 돈만 벌어오면 된답니다
다른덴 쓸데가 없다네요
젊은 여자들 사이에 이런 농담이 오간답니다
청년들은 취직이 안 되고
그러니 장가도 못 가고
가장들은 실직되어 거리로 내몰리는군요

옆집에선 아들을 낳았는데 한숨을 쉽니다
송아지 같으면 팔아먹기라도 하지
사내애를 어디에 쓰겠냐는군요
평생 애물단지랍니다
아들만 둘 있는 사람은 '목매달'이라나요

드디어 올 게 왔답니다
여든 살이 다 된 할머니가 육십년을 같이 산
할아버지한테 이혼 소송을 냈으니 이른바
황·혼·이·혼
시시콜콜 해대는 잔소리와
억압적인 생활을 더 이상 못하겠다고
남은 인생 하루라도 자유롭게 살고 싶다네요

간 큰 남자란 노래가 유행할 때
세상이 바뀌는 줄도 모르고
코웃음만 치고 만고강산만 외치더니
이뿔싸— 때는 늦었습니다 그려
거울 앞에서 흰 머리를 뽑고 있던 마누라가
늙거든 보자고 씩 웃는데, 어이쿠야! —
떡 하나 주면 안 잡아먹지 하던 이야기속
호랑이가 거울 앞에서 어흥— 거리고 있네요

21C 며느리 왕국

나의 왕국에 오신 걸 진심으로 환영합니다
이제 어머니 왕국에서 고이 자란
왕자님을 볼모로 보내셨으니
두 왕국의 무한한 번영과 안녕을 위하여
다음 사항을 지켜주시기 바람

나의 왕국에 속한 사람은
장기적인 계획에 의해 관리되므로
무엇을 먹이거나 입히거나 어떤 일에도
이의를 제기하지 말 것
철마다 때마다 바리바리 공물을 바쳐야 하며
원만한 치안 유지를 위해
시 자들의 출입을 금지하며
이를 어기고 무단 출입 및 간섭으로
나의 왕국의 권위와 치안에
중대한 위기를 초래할 경우
볼모의 안전을 장담할 수 없음

볼모로 온 왕자님은 앞으로
월급 및 자산은 압수하고
최소한의 비용만 지출로 허락하겠으니
왕국의 튼튼한 재정 관리를 위해
몸과 마음을 다 바쳐 분골쇄신할 것
콩을 팥이라 해도 나의 말을 법으로 알고
어머니 왕국하고 분쟁이 일어날 경우
무조건 나의 편에 서서
복종과 충성을 다하여야 하며
그에 대한 보답으로 평안한 노후를 보장함

놀부가

산골 초등학교 동문 체육대회가 끝나고
보리밥도 배불리 못 먹던 시절
차표 하나 달랑 들고 서울행 밤 기차를 탄 후
중국집 배달원 토목회사 잡부로 떠돌다
건설붐이 일자 집을 한 채 두 채 지어 팔더니
삼십년만에 꽤 유명한 건설회사 회장이 되어
동문들 사이에 전설적인 인물이 된
장학기금으로 거액을 내놓은 선배의 얘기로
술자리가 무르익더라

주식 투자로 대박을 잡았다는 훈이가
술 한 잔씩 돌리며 무용담을 늘어놓는다
교정 느티나무 아래서 더위를 식히고 있는데
만년 과장 놀부가 다가온다
— 훈이 저 녀석 다 뻥이다 주식투자로
　돈 좀 벌긴 벌었지 이번에
　여기 저기 돈을 끌어모아 크게 벌이다
　쪽박차게 생겼는 걸 난, 흥부 니가 부럽다
　친환경 채소를 길러 백화점에 납품한다며
　요즘 도시 월급장이들 죽을 맛이다 나도
　한 방만 터지면 고향으로 오고 싶다.

어깨동무를 하고 놀던 어린시절
즐겨 부르던 노래를 흥얼거리는
놀부의 눈동자 너머
로또 별자리로 별똥별이 흐른다

월매 할머니

마당에서 아이들이 뛰놀고 있었는데
간장독이 와장창 깨지는 소리에 이어
할머니의 자지러지는 소리
— 야! 이 호랭이 깨물어 갈 놈들아 거기 안 서
아이들은 허물어진 토담 사이로 쏜살같이 달아나고
부지깽이 들고 쫓던 할머닌 털썩 주저앉는다
— 저 놈의 망할 것들 땜에 내가 못살아
씩씩대며 한바탕 악다구니를 퍼붓는 할머니
손주 셋은 번갈아 재 저지르고
할머닌 또 고래고래 고함지르고
하루도 조용할 날이 없었는데
도시로 나가 밤낮없이 일을 하느라 눈코뜰새 없는
딸을 대신해 손주 셋을 키우느라
할머닌 잠시라도 편히 앉아있질 못했다

그 천둥벌거숭이 삼형제가 다 커서
큰 애는 군대 갔고 둘째는 대학 다니고
막내는 공고 다니며 아르바이트해서 탄 월급으로
빨간 내의를 사갖곤 와서
할머니 손을 잡고 그러드란다
— 할머니 우리가 클 때 할머이 속 무지하게 썩혔지
　이제 우리 걱정은 하지마 우리 삼형제 잘하고 있어
얼굴도 잘 생겼지럴, 키도 훤칠하지럴, 지엄마한테도
잘하지럴 할머닌 손주들이 대견해서
— 큰 애가 어떻고 둘째가 어떻고 막내는 ……
엉덩이를 들썩이며 손주들 자랑에 침이 마른다

춘향 아지매

동네 경로잔칫날
이순이 넘은 춘향 아지매 장구를 친다
제 흥에 취한 듯 볼따구를 씰룩이며
반 감은 눈가에
치마 폭을 따라다니던 옛 사내들이 어리는지
장구 소리가 가늘게 떨린다
장돌뱅이 김씨 목부섭이 봉답 닷마지기
논문서를 주며 같이 살자던 홀애비 변노인
아지매 술독이나 꽤 비웠건만
자식이 웬수여
그 놈들 눈에 눈물 안 나게 하려다
배꽃 같은 세월 다 흘러갔구먼
지새끼 건사하느라 코가 석자인
그 놈들 생각하면
제대로 뒷바라지 못해준 게 가슴이 짠혀
춘향 아지매 장구를 친다
떵떵거리며
누구나 잘 살고 싶어하지만
낸들 그리 살고 싶었을까
춘향 아지매 치는 장구소리에
거나하게 취한 사람들 서로 어울려 춤을 춘다

향단씨

땅글땅글 밤톨만한 우리의 향단씨
수통이 많은 잔다랭이 다랭이논
기계도 못 들어가는 고논을
한 열흘 쇠스랑으로 찍어넘겨
허벅지까지 빠지며 늦모를 심는다
옆집 뒷집 건너집 아줌씨들
우스갯소리 신소리 벌소리 별별소리
육담 걸쭉하게 어—이!, 못줄 넘어가는 사이
흙물 튀긴 얼굴로 깔깔깔 웃는다
땅내를 맡아 제법 푸른 옆논의
벼들이 허리를 잡고 살랑살랑거린다

오늘도 술탁보짓을 하느라 일을 못한
떡대같은 신랑 방자씨를 붙잡고
새파란 눈빛의 향단씨 조곤조곤 따져들자
멀뚱히 서서 헛기침만 하고 있다
흠, 흠 한 소리 대꾸를 할라치면
그래서?! — 벼락같이 몰아치는 소리에
발밑에 알짱거리던 강아지 화들짝
개구멍으로 부리나케 달아나고
떠듬떠듬 방자씨 목소리가 뒤를 따른다

몽룡氏뎐

용이 승천하는 꿈을 꾸고 태어난 몽룡씨
귀골에다 수재라고 어릴 적부터
근동에 소문이 자자하였으니
한미한 가문에 인물났다며
부모님의 기대와 희망이 컸겄다
— 우리 집안에도 판검사가 나와야지 않겄냐
  인물로 보나 공부로 보나 너보다 못한 김약방집
  아들도 됐는데 너라고 안 되라는 법 있냐
농삿일 틈틈이 어머닌 새끼를 꼬고 가마니를 치고
아버진 인근 제재소에서 원목도 나르며
아들 뒷바라지로 뼈가 부서지는지도 몰랐네

고시원에 파묻혀 법전을 파고들던 몽룡씨
오년만에 사법고시 1차 합격을 하였겄다
그간의 시름과 근심이 싹 가시는 듯
한껏 취한 아버지 눈앞에……

 축 판소리 이몽룡 사법고시 합격 축 

마을 정자나무에 면사무소 앞에 대자 현수막이
걸리고 지서장 면장 군수님이 축하한다며
저녁식사를 함께 하자고 연락이 오고
도갓집 전사장도 조합의 권이사도 기가 끔벅 죽었고……
그 날이 다가온 듯
어깨가 쫙 펴지고 목소리에 힘이 실린다
아버진 땅을 팔아 절방에다 아들을 들여놓았네

아슬아슬하게 2차에 떨어지길 여러번
그러구러 세월은 덧없이 흐르고
고시 합격의 길은 자꾸 멀어지는 듯 했으니……
결국 아버지는 간경화로 돌아가시고
얼마 후 어머니마저 몸져 눕고 말았네
사는 게 뭔지 고민에 빠진 몽룡씨
오랜 생각 끝에 고시공부를 접고
집도 절도 등지고 사라져 버렸는데

— 사주봅니다 인생상담합니다
홍등가 뒷골목에 철학관 간판을 단 몽룡씨
백발이 성성한 모습으로
세상살이에 지친 사람들에게 한 줄기
빛과 같은 말씀을 전해주고 있단다

제4부

바람재

바람재 1

이 곳은 바람의 입구
이 곳은 바람의 뿌리
가슴 저 깊이 가라앉은
슬픔의 고향
그 속으로 졸졸 흐르는 산골 개울물 소리
눈물의 골짜기
꼭 누르고 있던 바윗돌 하나씩 들추면
뒷걸음쳐 달아나던 눈물 방울
꼬불꼬불 가을 붉나무 개옻나무 고로쇠나무
붉은 눈웃음따라 허물어져 버린
산판길 두어 마장 넋 놓고 걷다보면
바람을 피해 숨어든 골짜기
그 바람에 매여 한 평생 숯을 굽다
바람이 된 사람들
참고 또 참았던 울음
한꺼번에 터져나오는게다
허공을 떠돌던
허연 머리카락 휘날리고 있는게다

바람재 2

내 가슴을 훑고 지나간 것은
바람이었다
발목을 걸고 허리를 휘어잡고 때로는
모가지에 밧줄을 걸어
이리저리 끌고 다니던 것도 바람이었고
내 가는 길 끝까지 따라올 것도
바람이리라

세상의 모든 눈물도 사랑도
한이라는 것도 이곳에 오면 바람이 된다
어떤 사상도 다툼도 역사도
이 고개를 넘는 순간 바람이 된다
바람이 되어야 넘을 수 있다

그 바람 잠재우기 위해 주저앉은 사람들
커다란 바위 하나씩 가슴에 박고 산다

이렇게 눈이 많이 오는 날이면
사람들 가슴속 바윗돌도
다 낡은 기둥 하나로 버티고 있는 이 마음도
와르르 무너져 버렸으면 좋겠다

겨울 바람

허공에 뎅그랗게 흐르는 달이
은빛 여우울음을 싸늘히 흩뿌릴제
겨울 바람은
홀로 떨며 서글프게 울었지

모두 다 배고플 땐 추억이나 있었지만
언 가슴 부여안고
기억을 더듬기엔 너무 늦었어

나무들은 한껏 넓게 안아
달래고 얼르고 하였지만
품이 시려

겨울 바람은
나무의 품에도 안기지 못하고
손발이 얼어터지도록 망설이다
나의 창을 두드리네

겨울 들

온몸으로 부딛쳐도 갈갈이 찢길 뿐
한 세상 부끄러움에
또 다시 온몸은 얼어붙는구나

때론 없어야 될 곳까지 뻗어내린, 산아
너로 인해 부서지는 아픔이 흐른다

사방을 둘러보아도
홀로 데울 수 없는
싸늘한 대지는 지쳐서 길게 누웠는데
갈 곳을 잃은 까마귀만
시린 땅을 쪼아대고 있구나

어쩔 수 없는 흐름일지라도
곧바로 갈 수만 있다면
이 싸늘한 길이 서럽지는 않으리

바퀴를 꿈꾼다

날마다 구르는 꿈을 꾼다
바퀴를 달고 달리는 꿈을
벗어나고 싶어
깨어보면 늘 제자리였다

이곳은 나의 자리라 믿었는데
길거리의 깡통처럼
많이 차인 뒤에야
내 자리가 아닌 것을 깨닫고
눈물을 뿌려야 했다

오늘도 구르는 꿈을 꾼다
지금 내게 가장 필요한 것은
몇바퀴라도 굴러갈
바퀴뿐이다

대숲에서

잠시도 가만두지 않는 바람
옆구리를 쥐어박으며 틀어앉아
쑤군 쑤군 쑤군 쑤군
흉보는 소리 낄낄대는 소리

한 걸음 비켜설 수 없어
상한 마음 한 켠에 접어두어도
마디마디 가슴 속 파고드는 상념에
속빈 날들만 자라네

떠도는 마음 다잡아 바람을 담고
푸른 별빛도 담고
그래도 흔들리는 마음 채워넣어도
여전히 빈 칸일 수밖에 없어라

대청호

달 그림자
잔잔히 부서지면
서늘한 이마
땀방울이 맺힌다

가을을 조용히 쓸어담는
대청호
저 깊은 곳에서 끓어오르는
열정을 감당하지 못하는
얇은 입술

나무꾼 몰래 내려와
목욕을 하고 서둘러 승천하는
선녀의 날개 옷자락

초라한 산으로 숨어보다
또 한 겹 묻어놓고 보내야 하는
가을의 끝자리에
가슴 저 깊이
물안개가 피어오른다

자벌레 1

우리는 얼마나 떨어져 있는가
내가 가야 할
미지의 땅은 또 얼마나 멀리 있는가

시간의 주름을 조금씩 끌어 당기며
온 몸으로 재어 간다
한 발 한 발
너와의 거리를 가까이 하며

자벌레 2

나를 노리는 눈동자가 있다

저기 나무 그늘 뒤
바람에 살랑이는 여뀌풀 아래
청개구리가 엎드려 있다
이 가지 저 가지로 나는
박새의 눈초리가 매섭다

등 뒤가 서늘하다

늘 푸른 하늘

하늘은 늘 푸른 하늘
그 가운데 빈 가슴

또 그렇게 아쉬움만 남아
미처 깨닫지 못한 기억의 저편
뜻없이 백지로 남는가

아쉬움이 남는 게 인생이라지만
뜻없이 보내는 날도 아름답고
무심코 잡는 손도 따듯하지요

정열은 시간들 속에 묻혀버렸지만
너는 늘 푸르게 가까이 있구나

고자리

어디까지 왔나
　　동구밖까지 왔다
어디까지 왔나
　　골목길까지 왔다

저 모퉁이 돌아가면
불빛이 따뜻한 집이 있을 것 같은데
어디까지 왔냐
묻고 또 물어도
가도 가도 고자리*

* 고자리: 충북 영동군 상촌면에 있는 마을

장마

장마가 한창인 계절
비바람은 몰아치는데
피할 곳은 어디인가

내가 움켜쥔 삶은
한 조각 먹장구름인가
빗나가려는 한 줄기 바람인가

검은 하늘은
천만근 무게로 가슴을 누르는데
여린 실뿌리로 한 목숨 버텨본다

어긋나게 웃자란 날들이
자꾸 바닥으로 쓰러지고
낮게 깔려오는 비바람 앞에
질경이처럼 바짝 엎드려 있다

상여 나가네

가슴은 조여들고
옆구리는 뒤틀려도
한 몸 구를 자리는 없어

한 겹 한 겹 벗어던지고
너와 같이 섰네
걸칠 옷 하나 준비도 못했으니
웃음마저 나오는구나

상복을 입혀주마
목놓아 울어보렴

땅을 쓸어안고
일어서고픈 꺾어진 허리

개미

망설인다
날마다 선택의 날들
앞을 막는 웅덩이와 바위들

모두 이 길을 갔지만
앞에 놓인 길은 항상 낯선 길

날마다 시간 속을 절뚝거리며
침묵 속에 귀 기울이며
바람의 방향을 가늠한다

어차피 내가 갈 길은 내가 내는 것
약은 수를 부리지 않고
넘고 또 넘어

손과 발에 굳은 살이 두꺼워질수록
나의 길은 정직하겠지

몸살

오— 터질 것처럼
벌떡이는 심장의 고통
이 가슴 좁게 움켜쥐고 있는 갈비뼈들아
숨가쁜 고동소리가 들리지 않는가

마디마디 뼈들은 뚜욱 뚝—
일어나 뛰쳐나가려는데
저 질긴 섬유질들은 자꾸 안으로만
뭉턱뭉턱 죄어오고 있구나

한겹 뒤집어 쓴 담요 아래로
온 몸 홍건히
땀으로 스며나오는 몸부림

절벽

외롭더라도 자유롭게 살고파
허공에 마음 한 점 두고
바람 같은 삶은 얼마나 홀가분하랴
훌훌 일어나 떠나가면
나를 묶은 저 질긴 끈이야 제 어쩌랴

햇볕과 비바람 보시에 새똥 공양으로 살아온
천 년 세월
귀도 코도 떨어지고 눈도 입도 분명치 않은
미륵불

얼마나 더 닳아야
이 마음에서 벗어날 수 있나

낙산사

내 고운 젊음을 흔들어 놓는
이 바람기를 어이하랴
나무아미타불
공허한 목탁소리만 법당 안에 울리고
구슬 아기를 향한 온몸을 사를 것 같은 정염
천 길 벼랑 아래 물거품으로 부서진다

해조음에 이끌려
번뇌의 긴 그림자 바닷속 깊이 잠겨들고
솔바늘이 무수히 박히는 밤이여

가슴 위로 풍경 소리 바르르 울리고 가면
문득 — 낙산사 바다를 물들이는
저 찬란한 아수라의 세계
어둠이 서서히 밀리고
숨비소리 여리게 들려온다

우러러 바라보니
애욕에 쓰러진 몸뚱이를 고요히 굽어보는
아! 나무관세음보살

상수리나무 아래

상수리나무 아래 큰 바위가 있습니다
바위 아래 난공불락의 요새를 지어놓고
가계를 늘려가는 한 무리의 개미떼가 있습니다
빛좋은 오늘도 개미는
사방으로 길을 내며 딱정벌레 잠자리 애벌레 등을
닥치는대로 물고 나릅니다
심지어 내 발등을 타고 어깨까지 오르며
살점 한 입 베어 갈려고 꼭 깨뭅니다
호박벌이 멋모르고 왔다가 봉변을 당합니다
개미들에게 물려 나뒹굴고
발버둥을 쳐 보지만
개미들은 자꾸 몰려듭니다
지하 깊숙이 자리한 물욕의 집 너무 튼튼합니다

상수리나무 아래 달개비 꽃이 피어있습니다
그 아래 살고있던 달팽이가 나들이를 갑니다
옆에 있는 바위까지 가는데 반나절

바람이 지나가도 서고
애기똥풀 새 잎도 살펴봅니다
지렁이를 만나 뼈없는 얘기를 한동안 나누고
지나치는 모든 것에 더듬이로 만져봅니다

또 하루 실없이 두꺼워진
사유의 껍질이 너무 무거워 무거워하며
오늘은 바위 위에 벗어놓고
편한 잠을 자야겠다고 생각합니다
누군가 부서뜨려도 좋고
가져가면 더욱 좋을 짐이여
달팽이는 알몸으로 고뇌합니다

제5부

시계를 보며

그림자

내일은 더 밝겠지
꿈꾸며 달리는데
또다른 나를 잊고 돌아보지 않는 동안
발 밑에 퇴적해가는
일그러진 조각들

어디서 보았던가
누구에게 들었던가
느낌조차 잃어버린 일상의 부스러기
불현듯 되살아오는
기억 속의 반딧불

새 빛을 찾아야 해
두려움을 버리고
수없이 뒤돌아 봐 자신을 찾아야 해
세월을 기록하면서
따라오는 그림자

시계를 보며

1.
내 남은 날
하나씩 엮어 물레질하고

한 톨 한 톨
심장의 피를 빨아들여

점점이 안개되어
흩어지는 영혼

2.
차가운 기계문명 속에서
타협할 틈은 없을까

서로 손을 잡았다가
돌아서길 되풀이하는

비정한 수레바퀴 아래
힘겨운 중심 잡기

3.
열두 겹
빗장 지른 쇠창살 감옥 속에

우리의 일상은
족쇄를 채인 채

다람쥐 쳇바퀴 굴리듯

맴도는 영어의 몸

4.
품에서
오랫동안 길들여 온 고양이가

급기야 발톱을 드러내
지배하려 하고

가슴을 겨누고 있는
칼끝 같은 긴장감

5.
오랜 세월
우리가 싸워왔던
거대한 짐승의 후예일까

견고한 성 안에서
혓바닥을 날름이며

수많은 세월을 무너뜨리며
자라난 파충류

6.
이것 저것 가리지 않고
닥치는대로 먹으며

번성을 누리고
살아온 우리도

저것은
끝내 어쩔 수 없는
소화불량성 동물

겨울 일기

가슴에 와 닿는
햇살의 포근함이
한개비 담배보다 못한 계절이 오면
이불을 뒤집어쓰고
흐느끼지 않을 수 없어

생명있는 모든 것들이
원시의 우주를 향해 다가갈 때
이 한 밤
유년의 달은 따뜻하게 흐르고 있으니
한 방울 눈물로 사라진
추억은 고운 향기로 간직하자

자꾸 아래로만 흘려보내야 하는
몸뚱이 어느 한 곳에
이 겨울 흔적을 담아 놓을
나이테 하나 새겨넣고
움츠린 몸을 일으키네

바람에 부쳐

1.
너에게 발목을 잡히고 싶지 않아

너무도 많은 날을 시달리며 버텨왔는데
아직도 옥죄어 오는 바람의 올가미

이제는 더이상 나를 끌어들이지마

훌훌 떨쳐 버리지 못하는 틈을 비집고
달콤한 속삭임으로 뻗쳐오는 촉수

이대로 혼자 있게 그냥 내버려 둬

끈 떨어진 연처럼 허공을 떠돌다가
벼랑 끝 가시덤불에 걸려 갈갈이 찢어져도

2.
약속도 없이
초대하지 않아도 오는 바람
한바탕 뒤흔들고 가면
가슴에 이는 물결
쓰라린 흔적만 파편처럼 박힌다
피할 수도 맞설 수도 없는
감당하기엔 너무 약한
언제 부러져 내릴지 모를 감나무
가지 끝 까치 둥지 같은 존재지만
이대로 멈출 수는 없지

알량한 자존심에
바람개비처럼 돌지 못하는 절름발이
항상 너를 뒤쫓아 다닌 발길
마음 가득 담긴 응어리를
길어올릴 두레박을 찾으러
오늘도 바람에 실려 허덕이며 떠간다

겨울 바람 앞에서

옥수수 마른 잎새 싸고도는 바람아
동짓달 시린 사연 침묵으로 지새건만
오늘도 서걱거리는
낙엽 밟는 가슴 속

늘 겪는 일이지만
바람의 골은 깊어
서로의 높낮이만 뜬눈으로 확인하고
그대로 보내야 하나 누렇게 뜬 얼굴로

내 너를 무엇으로 묶어둘 수 있을까
이 밤이야 하얗게 밝힐 수는 있지만
아직도 들려올 듯한
맥박소리 선한데

흐름이 멈춰 버린 실핏줄 깊숙한 곳
얽어 놓고 풀지 못한 사연이 무어길래
때절은 목숨 붙들고
버티고만 있는가

바위 1

저만큼 돌아누운 당신의 뒷모습에
어쩌면
이 마음 영영 닿지 않을지도 몰라

외로이 내 옆에 있어
아프도록 싸늘타

바위 2

저 바다의 파도처럼 울고 싶다
오늘은

저 숲속 소쩍새처럼 울고 싶다
이 밤엔

그러나 울 수가 없다
몇억 년을 굳은 눈물

외진 골 사는 새

1.
언제나 혼자였네
날아든 새 한마리
가진 것 다 주고
벗 삼자 하였지만
거칠은
하늘 가운데
떨어지는 별 하나

2.
검붉은 안개 속
헤쳐갈 수 없는 걸음
두 눈을 부릅 떠도
혼미한 기억 속을
스스로
벗어나기엔
미약한 존재런가

3.
떠날 것은 보내야지
외로우면 어떠랴
제각기 흩어져 흐르는
구름이여
마음 속
풀어헤치며
우는 법을 배운다

4.
외진 골 사는 저 새는
낮에도 밤에도 혼자 난다
날수록 깃털은 떨어져
초라해져도
솔향기
받아 마시고
털어내는 서러움

5.
삶은 겪을수록
밀려드는 배신감
세상을 올바로 살면은 안되는 건가
그래도
자신의 삶은
바르게 살아야지

6.
새벽은 아직 멀어
털어버릴 많은 어둠
둥지를 에워싸는
시련의 가시덤불
밤하늘
울려퍼지는
서글픈 푸른 울음

7.
어깨는 좁고
날개는 작은데
날아갈 골은 깊네
지친 날개 쓰다듬는
외진골 사는 새
스스로 헤쳐가려는
다부진 날갯짓

8.
눈앞이 밝아질수록
가슴은 어두워오고
새로움에 눈뜰수록
깊어지는 절망감
그래도
버텨가야 할
비틀대는 자신감

9.
무엇을 탓하랴
반쯤 가리고 보아야지
골짜기 아래부터
떨려오는 이파리
뿌리째
흔들어놓는
잠 못 드는 바람

10.
밝음은
내게서 하나씩 벗겨가고
어둠은
한꺼풀씩 입혀주는데
한칼로
끊을 수 없는
밝음과 어둠 사이

11.

때때로 갈대를 흔들고
가는 바람
찌르다 밟아보고
쓰다듬다 흩뿌리네
삭이다
삭이다 지친
저려오는 앙가슴

12.

보낼 것은 놔 줘야지
넉넉히 품을 수 없으면
어둠이
곧 밀려 닥친들 어떠랴
철저히
토해낼수록
달라붙는 빈자리

13.

날더러 죽으라네
뭇새들의 지저귐
끝모를 심연으로
빠져드는 몸부림
차라리 벗어날 수 없다면
사탄의 손을 잡았으면

14.

귓전을 때리는
자지러진 천둥소리
지친 날개 하나씩
허공에 날리고
가슴에
꼭 품어보는
외로운 촛불 하나

15.

달아 별아 어둠아
해보다 네가 좋아
나날이 변하는 색으로
날 불러도
밤이면
너의 품안에
묻어놓고 잠들지

16.

바람도 숨이 가빠
부딛쳐 돌아오고
구름도 오르다 지쳐
눈물로 떨어지네
산허리
부둥켜 안고
쪼아대는 외고집

17.

온몸 가득 넘치는
보랏빛 불꽃이
너의 시린 손 하나
녹일 수 없어도
과감히 지켜가야지
물들지 않은
가슴

▌해설

은둔거사가 밝힌 서정의 촛불

— 정주일 시인의 작품세계

문학평론가 리 헌 석
(사) 문학사랑협의회 이사장

1.

충청북도 영동에서 농사를 짓고 사는 정주일 시인과 인연을 맺은 지도 10년이 지났습니다. 그때나 지금이나 시인은 현실과 거리를 둔 은둔거사의 모습입니다. 낮에는 통화가 되지 않습니다. 우리 국민 대부분이 사용하고 있는 휴대전화도 없습니다. 집의 전화는 밤에나 받습니다. 시인 '아내'의 휴대전화로 발신하면 기록이 남기 때문에 밤에서야 답신합니다. 시인에게 농사는 거의 묵언(默言) 수준의 수행과 같아 보입니다.

세상과 소통하지 않은 채 산촌(山村)에서 농사를 짓는 그에게도 내면의 돌파구는 필요하게 마련입니다. 농사 일로 자신을 힘들게 부리는 가운데, 잠시 바람 쏘이기와 같은 일이 시 창작입니다. 이 작업을 통하여 시인은 세상과 소통합니다. 그는 지순한 표정입니다. 적당히 마른 체구, 꾸미지 않은 의상, 자분자분한 말씨, 쉽게 수긍하는 눈빛, 수줍은 듯 반갑게 잡은 두 손에서 60대의 지순한 소년을 만납니다.

그의 서늘한 눈망울에 이미 마음을 앗기었던 2005년에 첫 시집 『별은 어디에 있을까』의 작품을 감상하며 돈오(頓悟)의 감동으로 행복하였습니다.

솟대 끝에 앉은 기러기
하늘을 톡 쪼니
수천의 대나무 갈라지는 소리

— 1시집 「겨울 하늘」 일부

무릎을 칠 만큼 시원한 작품입니다. 사실 산촌에서 농사를 짓는 시인이 자기 고장의 풍광을 노래하는 것이나, 농사와 관련한 에피소드를 형상화하는 일은 당연한 귀결입니다. 그러나 이 작품은 표현의 멋, 시에 담겨 있는 깨달음이 특별합니다. 간단하게 서술화하면 〈솟대 끝에 앉은 기러기가 부리로 하늘을 톡 쪼니, 수천 개의 대나무가 쫙 갈라지는 소리가 들린다.〉로 정리됩니다. 첫 행에서는 시각적 이미지, 둘째 행에서는 청각과 시각적 이미지, 3행에서는 청각적 이미지를 담고 있습니다.

그리하여 겹겹 공감각적 이미지를 생성하면서 그 안에 자신의 내면을 투영합니다. 〈수천의 대나무 갈라지는 소리〉는 그 자체의 청각적 이미지를 생성하여 자신의 내면과 동일시를 이룹니다. 〈깡소주에 절은 얼굴〉은 벗어날 수 없는 운명이라고 합니다. 자신은 하늘과 땅에 쳐놓은 그물인 '천라지망(天羅之網)'에 걸린 신세이며, 그마저도 '겨울 하늘'은 금이 가고 갈라진 청동거울과 같아서 제 역할을 다하지 못한다는 깨달음을 담습니다.

이와 같은 공감각적 이미지, 그리고 비유와 상징을 살려낸 작품의 훈향(薰香)에 잠겨 있다가 2009년에 2시집 『그녀와 허수아

비』에 수록된 작품을 감상하였습니다. 살아있는 그림처럼 자연스럽게 형상화한 작품은 그야말로 가슴 뭉클한 감동이었습니다.

옛 이야기로 떠있는
서리서리 새벽별 밟아
곶감 석 접 읍내 장에 내고 온
가난한 마누라의 입술에
곱게 당분이 피리
그때 내 얼굴도 환해지리

— 2시집 「곶감」 일부

시인과 '가난한 마누라'는 충북 영동군의 지역 특산물인 감을 따고 잘 깎아서 곶감을 만듭니다. 주렁주렁 매달아 말리면 하얀 가루가 감 표면에 배어나옵니다. 마르면서 감의 살은 옅은 황색에서 황금색으로 변하고, 좀 더 말리면 햇빛과 같은 황갈색으로 변합니다. 시인의 아내는 이렇게 만든 곶감 석 접을 읍내 장에 가서 팝니다. 한 접이 100과이므로 곶감 300과를 내다판 셈이지요. 이 작품은 이와 같은 스토리에서도 순수한 정감을 공유하게 합니다. 절묘한 표현으로 잔잔한 감동을 생성합니다.

이 작품에서 〈옛 이야기로 떠있는/ 서리서리 새벽별 밟아〉에서 '밟아'는 '발로 밟다'는 뜻이 아니라, 관용어로 파생된 '따라, 좇아'로 보입니다. 시인의 아내는 초겨울에 새벽길을 걸어 곶감 석 접을 장에 '내고 온'(팔고 온) 날에는 작은 만족에 젖습니다. 〈가난한 마누라의 입술에/ 곱게 당분이 피리〉의 '당분'은 감이 마르면서 생긴 하얀 가루인데 너그러운 분위기로 해석할 수 있습니다. 그런 아내의 얼굴을 보면서 시인의 얼굴도 환해집니다. 햇빛과 바람에 마르며 곶감 표면으로 솟아난 하얀 당분 가루와 아내가 행복해 하는 모습을 조화롭게 노래한 작품입니다. 이렇듯이 정주일 시인은 생활 속의 정겨움을 수준 높게 작품으로 빚습니다.

2.

첫 시집과 두 번째 시집에서 받은 감동의 희열이 여전한 2015년, 정주일 시인의 3시집 『볍씨를 뿌리며』에 수록된 작품을 감상하면서 그의 '시선(視線)'에서 새삼스런 감동을 만납니다. 첫 시집에 담겨 있는 '맑은 바람에 실린 서정과 시인의 지향'도 그대로이고, 두 번째 시집에 담겨 있는 '자연동화와 담결(淡潔)한 시정신'도 거의 그대로이지만, 세상에 대한 품격 있는 비판과 비유적 역사의식이 오롯하였습니다. 순수한 서정을 작품으로 빚던 시인이 비판의식과 겨레공동체 의식을 담아내었습니다.

저기 저 낮은 자리
이름도 정다운 풀들
잎새마다 눈물의 별 하나씩 달고
보고픈 이름 부르고 있구나

영숙아!
개똥아!
읍내댁 아지매요!
자야 할배요!

우리가 가만히 풀이름으로 불러보면
선하게 떠오르는 그리운 얼굴

너무 오랫동안 잊고 있었네요
그 이름 부르는데 많은 세월이 흘렀네요

그러나 너는 아니라고
아니라고 고개를 젓네
우린 늘 함께 있었다고

지금도
그 때도
앞으로도
그 맘속에 늘 살고 있다고

—「노근리에서」 전문

충청북도 영동군 황간면 노근리는 북한의 침략으로 발발한 6.25전쟁의 와중에서 비롯된 불행한 사건의 현장입니다. 북한군의 진격으로 피난을 가던 민간인들이 노근리에 있는 경부선 철도 쌍굴다리 밑을 지나다가, 그 곳을 방어하고 있던 미군 제1기병사단 7기병연대의 병사들이 폭격과 기관총 발사로 희생된 일입니다. 당시 미군은 "방어선을 넘어서는 자들은 적이므로 모두 사살하라."는 상부 지시에 의해 노근리 피난민들을 살상하였다는 조사가 뒤늦게 이루어졌습니다. 유가족과 한국 언론에서는 명백한 전쟁범죄라는 사실을 주장하지만, 주한미군은 전쟁 중에 일어난 전술적 방어였을 뿐 노근리 살상이 고의적 살인임을 부정하고 있습니다.

정주일 시인은 이 엄청난 사건에서 서사성(敍事性)을 염두에 두지 않고 있습니다. 역사적 사실에 대한 진실공방이나 책임 소재 등에는 오불관언(吾不關焉)입니다. 다만 민간인 희생자들에 대한 정서적 동질성을 비유와 상징으로 그려냅니다. 〈저기 저 낮은 자리/ 이름도 정다운 풀들〉은 희생된 민초(民草)일 터이며, 그리하여 〈우리가 가만히 풀이름으로 불러보면/ 선하게 떠오르는 그리운 얼굴〉을 잊지 말아야 한다고 밝힙니다.

이러한 정서의 바탕에는 겨레의식이 자리 잡고 있습니다. 민족의 순혈주의(純血主義)를 주장하는 것은 아니겠지만, 육신이거나 혹은 정신의 동질성을 찾고자 하는 의지로 보입니다.

우리는 모두 풀의 아들이러니
저 아스라이 먼 꿈길
드넓은 몽골 초원
누런 흙먼지 날리며 달리는
소나 말이나 양들의 은혜로운 들풀이러니
해 뜨는 곳을 찾아
天山을 넘어 天山을 넘어
바람처럼 달려온 떠꺼머리총각과
첫눈에 반한 고조선의 처녀가
다정히 밀어를 속삭이는 달빛 아래
푹신한 밑자리가 되어 그의 몸
가장 아름다운 곳
은밀하게 풀물로 스며들어
푸르디푸른 울음으로 태어나려니
바람이 불 때나 비가 올 때나
서로의 등이 되고 가슴이 되는
목메이게 불러보는 초원
그 기억 화인으로 박혀있나니

— 「몽고반점」 전문

시인이 말하는 〈우리는 모두 풀의 아들이러니〉의 '풀'은 생명의 근원으로 기능합니다. 〈소나 말이나 양들의 은혜로운 들풀〉이기도 합니다. 바람처럼 달려온 떠꺼머리총각과 첫눈에 반한 고조선의 처녀가 사랑을 나누는 '밀자리'가 되어 〈푸르디푸른 울음〉으로 태어나는 태반이기도 합니다. 그리하여 겨레의 몽고반점은 '기억의 화인(火印)'으로 박혀 남아서 겨레의 정신에도 영향을 미칩니다. 우리는 '서로의 등'이 되기도 하고, 또한 '서로의 가슴'이 되기도 하는 관계임을 비유적으로 밝힙니다.

시인은 「토리(土利)야」에서도 앞의 작품과 유사한 정서를 드러냅니다. 몽골에서 시집 온 다문화가족의 '토리'를 통해 과거 우리 겨레의 애환을 되새깁니다. 몽골에서 시집 온 토리는 〈가슴 속 붉은 흙 한 줌으로 만들었을/ 토우 같은 여자〉인데, 가만히 그를 부르면 〈독수리와 함께 평원을 달려오는 누이〉가 연상됩니다. 현실에서는 〈말젖내 나는 방천길을/ 자전거로 달려오는 누이〉지만 그를 보면 앞산 절벽에서 날아오르는 몽골 초원의 '매'가 오버랩됩니다.

겨레에 대한 사랑으로 지순한 시심을 가꾸는 정주일 시인도 이기적인 세태를 간접적으로 비판합니다. 그들이 나쁘다고 주장하는 게 아니라, 넌지시 '그런 사람들이 있더라.' '그런 양상들을 보이더라.' 등으로 세태를 풍자합니다.

나무를 심자
여기에 도로가 뚫린다 하니
밭마다 허리 뭉텅뭉텅 잘린
배나무 자두나무가 심겨지네

집을 짓자
여기에 댐이 들어선다 하니

논마다 축사 창고 시설 하우스
조립식 건축물이 마구 들어서네

땅을 사자
이 지역이 개발된다 하니
복덕방 사장님 관광버스 대절하여
사모님들 뻰질나게 들락거리네

—「이 사람아 그러면 쓰나」 전문

순진하게 농사를 짓던 사람들도 요즘에는 세상의 유익을 영악하게 추구하는 경우를 봅니다. 모든 사람이 그렇지는 않지만, 그렇게 세상을 속여 몇몇 사람이 이익을 얻은 결과는 순정하게 살아가는 사람들에게 상대적 박탈감을 야기합니다.

예컨대 농지가 도로에 편입된다는 소문이 있으면 그 곳에 과수(果樹)를 심습니다. 밭으로 보상을 받는 것보다 훨씬 높은 가격이 산정되기 때문입니다. 댐(DAM)을 축조한다는 소문이 나면 논마다 조립식 건축물을 마구 짓습니다. 배상 가액이 높아지기 때문입니다. 이렇게 어느 지역이 개발된다고 하면, 복덕방 사람들이 버스를 대절하여 찾아와 조용하던 시골을 북적거리게 합니다. 그래서 시인은 '이 사람아 그러면 쓰나' 쓴소리를 합니다.

그렇지만 시인은 흔들림 없이 순정한 자세로 농사에 전념합니다. 그리하여 「놀부가」에서 드러나는 것처럼 동문체육대회에서 만난 친구가 〈요즘 도시 월급장이들 죽을 맛이다. 나도/ 한 방만 터지면 고향으로 오고 싶다.〉는 대화를 인용하여 안분자족(安分自足)하는 자세를 견지합니다.

3.

정주일 시인은 〈꽃대 하나 밀어 올리는/ 간절한 소망〉을 노래합니다. 〈별빛/ 서늘한 검 치켜들고/ 변방을 지키는 초병〉과 같은 마음으로 고향산천을 지킵니다. 〈품속의 메추리알 다섯 개〉 바람에도 들키지 않게 「들풀」처럼 살아갑니다. 그는 요행을 바라거나 서둘러 열매를 수확하려하지 않습니다. 「볍씨를 뿌리며」 〈벼의 마음 볍씨의 마음〉을 헤아리는 농부입니다. 〈꽃봉오리가 한 잎씩 열릴 때마다/ 복사꽃 물든 열다섯 가슴 위로/ 뭉게구름처럼 피어나던 첫사랑을/ 천 년 후, 볍씨가 기억하고 있듯이〉 그 역시 천년 꿈을 가꾸는 사람입니다.

그러면서도 〈이제는 곰국 한 솥 끓여놓고 그 자리/ 늙은 남편에게 물려주고〉 나돌아 다니는 「여인천하」를 해학적으로 비판하기도 합니다. 〈오! 할렐루야/ 단군 이래 이런 태평성대가 있었더냐〉 반문하기도 합니다. 「21세기 며느리 왕국」에서도 며느리는 〈어머니 왕국하고 분쟁이 일어날 경우/ 무조건 나의 편에서서/ 복종과 충성〉을 다하여야 평안한 노후를 보장받을 것이라 전합니다. 「몽룡씨던」에서는 사법고시에만 매달리던 청년이 홍등가 뒷골목에 철학관 간판을 달고 살아가는 과정을 서사적으로 그려냅니다.

이렇듯이 그는 긍정과 부정의 합집합(合集合)에서도 시의 맑은 물줄기를 소망하고 있습니다. 그것이 쉬운 일만은 아닐 터이지만, 자신은 고향 산천을 지키며 서정의 정수(精髓)를 찾아 노래하겠다는 다부진 자세를 확인합니다.

몸과 마음이 맑고
깨끗한 사람들만 찾을 수 있다는

아내와 같이 그 곳에 가기로 했네.
더 늦기 전에
우리의 희망을 찾기로 했어.
〈생략〉
큰 바위산으로 둘러싸인 곳에
맑은 샘물이 솟고
마당 한 쪽에 초가집 한 채
할머니 한 분이 웃고 계셨어
영원히 살고 싶은 곳이었지
어린 아이 하나 샘물에 몸을 씻고 다가왔어
아주 환하게
아내와 난 아이를 안고 한없이 기뻐했네.
오래오래 아이와 더불어 시간 가는 줄 몰랐네.

—「이세암」 일부

정주일 시인이 꿈꾸는 유토피아(utopia)의 정경입니다. 종교적 지향이 아니더라도, 우리는 각자 꿈꾸는 낙원이 있을 터입니다. 정주일 시인의 낙원은 참으로 소박합니다. 바위산으로 둘러싸인 아늑한 곳에 맑은 샘물이 흐르고, 그 옆으로 초가집 한 채가 있으면 자족(自足)할 수 있는 정갈한 소망입니다.

시인은 최근에 우리 겨레의 혼이 담긴 시조(時調) 창작에 입문합니다. 자신처럼 자연과 경계하여 살아가는 대상을 비유하여 지은 「외진 골 사는 새」는 단시조(短時調) 17편으로 구성되어 있습니다. 시간적 질서나 공간적 질서 등의 의도적 구성이 눈에 뜨이지 않아 자연스럽습니다. 〈외진 골 사는 저 새는/ 낮에도 밤에도 혼자 난다./ 날수록 깃털은 떨어져/ 초라해져도/ 솔향기/ 받아 마시고/ 털어내는 서러움〉(작품 4)을 통하여 산촌에서 외롭게 살아내는 법을 밝힙니다.

이러한 상황에서도 〈귓전을 때리는/ 자지러진 천둥소리/ 지친 날개 하나씩/ 허공에 날리고/ 가슴에/ 꼭 품어보는/ 외로운 촛불 하나〉(작품 14)를 지키려는 순정으로 작품을 빚습니다. 세상의 허명을 좇지 않고 서정의 촛불을 밝히는 시인에게 박수를 보내게 되는 소이연(所以然)입니다. 이처럼 맑은 시심에 공감하며 행복하게 작품 감상을 맺습니다.

볍씨를 뿌리며

정주일 시집

발 행 일 | 2015년 7월 20일
지 은 이 | 정주일
발 행 인 | 李憲錫
발 행 처 | 오늘의문학사
출판등록 | 제55호(1993년 6월 23일)

주 소 | 대전광역시 동구 대전로 867번길 52(삼성동 한밭오피스텔 401호)
전화번호 | (042)624-2980
팩시밀리 | (042)628-2983
홈페이지 | http://www.lito77.co.kr(홈페이지)
전자우편 | hs2980@hanmail.net

공 급 처 | 한국출판협동조합
주문전화 | (070)7119-1752
팩시밀리 | (031)944-8234~6

ISBN 978-89-5669-694-2 03810
값 8,000원

* 이 책은 2015년 충북문화재단기금을 지원받아 발간되었습니다.

* 이 책은 (주)교보문고에서 E-Book(전자책)으로 제작 · 판매합니다.